賽雷三分鐘漫畫中國史

賽雷
著

王朝劇場直播中 5

【大宋、遼國與大理國】

目　錄

1 北宋篇（上）：打贏了還賠錢的澶淵之盟　007

2 北宋篇（中）：危機中的改革　035

3 北宋篇（下）：收入高但存款低的煩惱　061

4 南宋篇（上）：岳飛是秦檜害死的嗎？ 091

5 南宋篇（中）：存天理，滅人欲 119

6 南宋篇（下）：亡國也要亡得有尊嚴 147

7

遼朝篇：被遺忘的北方強國

175

8

大理國篇：傳說中的武林世家

207

1
北宋篇（上）

打贏了還賠錢的澶淵之盟

📖 西元九六〇年二月二日，河南省陳橋鎮上，舉行著一場奇怪的宴會。

　　一群將軍在酒桌上吵吵嚷嚷，坐在主位上的人是他們的首領，名字叫趙匡胤，他卻全程眯著眼，裝睡不說話。

📖 趙匡胤和這群將軍，原本效忠於五代十國時期的後周王朝。

　　幾天前，趙匡胤奉命帶著部下出征，結果他前腳踏出都城，朝廷裡後腳就開始謠傳，說趙匡胤他們手握重兵，起了異心。

好重的殺氣！

此人居心不良啊！

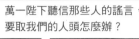 造反？那是要殺頭的！於是，將軍們就在酒宴上商量以後到底該怎麼辦。

他們說著說著，酒勁上了頭，一拍桌子，決定乾脆順著謠言做，直接叛變，捧老大趙匡胤登上皇位。

萬一陛下聽信那些人的謠言，要取我們的人頭怎麼辦？

哼！怕他不成？這不也有一位皇帝嗎？

趙匡胤坐在那裡裝睡，不參加討論，其實就是想聽聽部下的真心話，聽到他們要讓自己做皇帝，心裡其實已經樂開花了，趕緊抹抹嘴邊的口水爬起來。

你們喝酒就喝酒，吵什麼吵，還讓我做皇帝，把我都嚇醒了！

將軍你醒啦！

部下們把提前準備好的黃袍直接披在他身上，表示從今往後就認他當萬歲爺了。

大哥，反正醒都醒了，不如試試我們給您訂做的龍袍，看合不合身！

陛下萬歲萬歲萬萬歲！

喲呵！那我就試試吧！

然後，他們一起打回都城，推翻後周朝廷。

一個新的王朝——宋朝，誕生了。隨後，趙匡胤登基，也就是宋太祖。

沒想到吧？我真的回來啦！

造……造反啊！

🪨 宋太祖對自己上位的全過程，印象非常深刻。

他覺得搞不好哪天就會歷史重演：自己的手下跑出去喝一頓酒，捧了一位新皇帝換掉他。

🪨 宋太祖愈想愈覺得害怕，馬上收走大將的兵權，讓他們去當環衛官。

但手裡沒兵怎麼保衛？

其實，這等於分了一個虛職，把他們當門神供起來。

統領、指揮軍隊的任務，全都被宋太祖交給朝中的文官。

武將只能替文官打打下手，文官喊砍誰，他們就領著兵去砍誰，彷彿是一個沒有感情的工具人，或者是沒有異議的命令播放器……

早餐收了吧，我吃飽了，回去睡了！

將軍怎麼又睡？您已經睡了一個月了……

我除了睡覺還能幹嘛？不是文官來找我的話，就別叫醒我！

唐朝、五代十國時期，地方官多由武將擔任。到宋朝就完全行不通了，地方官清一色都是文職出身。

因為宋太祖信不過武將，他感覺天天讀聖賢書的文官比較有道德操守，不會輕易叛變。

光會打架已經出局了！朕要的是像他這種學歷高、文憑好的複合型人才！

做為開國皇帝的宋太祖，如此喜歡壓制武將……

「重文抑武」就成為宋朝不成文的規定，將會一代又一代傳下去。

第一條：
重文抑武

第二條：
嚴格執行第一條

第三條：
嚴格執行第二條

很好，這樣就沒問題啦！

就這樣，宋太祖還不放心，為了保險起見，他還把以前一人份的官職分成三、四人份，這樣權力也分散了。

將軍為國家鞠躬盡瘁，辛苦了！

所以我新提拔了三個將軍，這樣你就輕鬆多啦！

皇上難道要賞賜我嗎？

參見陛下！

📖 地方駐軍裡能打的兵，都被宋太祖調到中央禁衛軍，地方軍裡只剩老弱病殘，這還怎麼發動叛變？

📖 對剛誕生的宋朝來說，這些政策是很有必要的。

🕮 宋太祖把權力都收到自己手裡，就再也沒有人敢鬧事。
　　宋朝人總算過上局勢穩定的安生日子，全力對付外敵。

🕮 於五代十國時期建立起來的宋朝，原本只占據著中原一帶。
　　在宋太祖的政策下，宋朝全國上下擰成一股繩，爆發出極強的戰鬥力，把
南方的小國一一吞併。

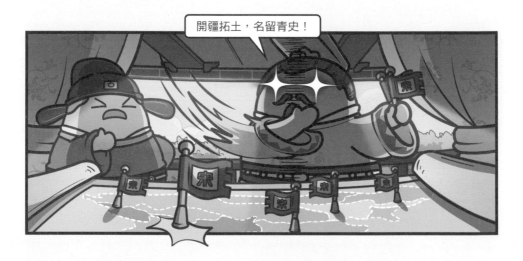

📖 但是，統一大業完成前夕，宋太祖卻在宮中離奇去世，年僅五十歲。

📖 懷疑趙光義的理由如下：

他平時在朝廷中瘋狂拉幫結派，培養自己的勢力，還賄賂了宋太祖的近侍。

後來，趙光義深夜和宋太祖單獨會面，第二天早上，大家就發現宋太祖已經斷氣了，趙光義當場宣布自己繼位。

如果真是趙光義下的手，只能說宋太祖真倒楣……

🍘 真相是什麼已經不重要了，重要的是，趙光義接手宋朝，成為宋朝第二位皇帝——宋太宗。

宋太宗接著做哥哥沒做完的工作，繼續替宋朝開疆拓土。

你們說我是擴大地盤呢？
還是擴大地盤呢？

陛下既然已經有主意了，又何必再問我們呢？

🍘 南方地區基本上都已被收入囊中，所以重點轉向北面。

宋朝在北方有兩個強悍的對手，一是契丹人建立的遼國，二是盤踞在西北的黨項族，即後來的西夏國。

🍞 西元九七九年六月，宋太宗御駕親征，率領十萬大軍直奔遼國而去。宋遼戰爭爆發，宋太宗先定了個小目標 —— 收復燕雲十六州。

🍞 如果一切順利，可以把大目標也實現了 —— 直接吞併遼國！

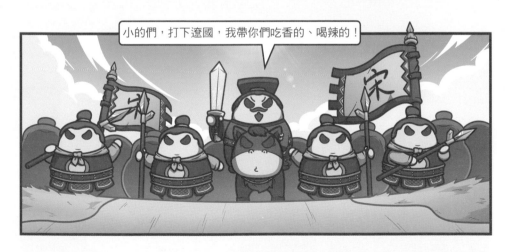

🍞 戰爭前期，宋軍碰到的都是一些菜鳥遼軍，遼軍基本上是一觸即潰的情況。

於是，宋太宗產生錯覺，認為遼軍都弱得不行，自己不需要用什麼計謀，帶著十萬人衝過去就能贏。

在宋太宗的命令下，宋軍一步步深入敵人的地盤，最終在高梁河（今北京）碰上了遼國的援軍。

但和宋太宗想像中不太一樣的是，這批遼軍生龍活虎，騎著馬，揮著刀，滿臉都寫著「我好想打仗啊」。

🍪 雖然宋軍拚死作戰，但遼軍騎兵的速度太快了──繞後、分割、包圍，一氣呵成。

十萬宋軍很快亂了陣腳，只能「大難臨頭各自飛」。

🍪 宋太宗還中了一箭，手下趕緊替他找了一輛驢車，灰溜溜地逃離戰場。

有種就別追過來，打傷殘人士算什麼好漢！

🏮 高梁河之戰後，遼軍乘勝開始反攻，但他們也犯了和宋太宗一樣的錯誤：
輕敵冒進，過於深入敵軍的地盤。

給我打！！！

你還真敢追啊！到了我的
地盤，那就是我做主了！

🏮 遼軍敗退後，宋軍又攻過去，被暴打，遼軍乘勝再攻過來……

小垃圾，哪裡跑？

輪到我了！

📖 雙方就這麼你一回、我一回，誰都無法在對方的主場占到便宜。

📖 西元九九七年，僵局終於被打破了。

還記得宋太宗在高粱河中箭的事情嗎？他舊傷復發，駕崩了，他的兒子趙恆繼承皇位，成為宋朝第三位皇帝 —— 宋真宗。

🗒 宋真宗和宋太宗不同，他比較愛好和平，只想在家看看書。

「書中自有黃金屋」這句名言，就是出自宋真宗之口。

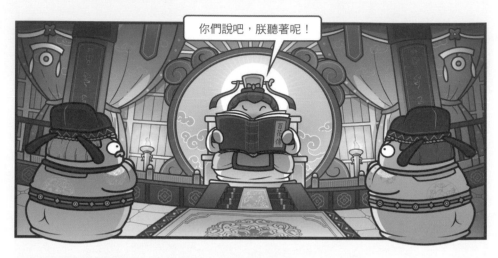

🗒 對於拿刀劍去打仗，他沒有一毛錢興趣。

明明是一個回合制遊戲，輪到宋朝出招時，宋真宗就狂點「跳過」的按鈕，不願意費事去攻打遼國。

 後來，遼國不和他「客氣」了，而是花了七年時間準備，不停招兵買馬，然後舉全國之力進攻宋朝，直逼宋朝都城汴京（今河南開封）。

陛下，別看書了！遼國已經打到城下了！

 聽到遼軍打過來的消息，「和平愛好者」宋真宗第一反應就是：溜，趕緊溜！

愛卿們快幫我參謀、參謀，哪裡適合看書？

陛下，臣知道南方有個地方，絕對是個讀書的好去處！

📖 反正在哪裡看書都是看，朝中很多大臣也勸他先去南方避一避風頭。

就在宋真宗準備收拾行李的時候……

有一位叫寇準的大臣站了出來！

📖 寇準先把宋真宗瞎吹一頓，說他英明神武，是天命所歸，敵人看見他絕對會嚇破膽。

陛下，不要再看書了！別再讓這破書封印住你體內的真龍之氣！

📖 然後，他又分析了一下局勢，說遼軍遠道而來，堅持不了太久，宋軍可以堅守防線，拖死遼軍。

🗨 最後，寇準做了一個總結——只要宋真宗御駕親征，這場戰爭必勝。

🗨 宋真宗聽完還是有點心虛，沒有下定決心。

於是，寇準這個狠人使出殺手鐗，直接問宋真宗：

🗨 話都說到這份上了，宋真宗也不再猶豫，他親自去了前線的澶州（今河南濮陽），登上城樓檢閱軍隊。

根據史書記載，宋真宗現身後，宋軍士氣大振，所有人都高呼「萬歲」，聲音能傳到十幾里之外！

萬歲！

萬歲！

萬歲！

宋

陛下別怕，臣會給您扶好椅子的，不要抖了！

在接下來的戰鬥中，宋軍像打了興奮劑似的，變得異常頑強，遼軍每前進一步都要付出巨大傷亡。

陛下正在看著我呢，我一定會贏的！

大哥你是人是鬼？你不疼嗎？

再加上他們遠道而來，糧草供應不上，不可能搞什麼持久戰，所以侵宋戰爭事實上已經宣告失敗！

📖 既然打不過宋朝，遼國就只能選擇和談。

西元一〇〇五年一月，宋遼在澶州簽了和平條約，史稱「澶淵之盟」。

📖 但條約內容卻讓人大跌眼鏡，做為勝利者的宋朝，竟然每年要給遼國白銀十萬兩、絹二十萬匹。

📖 明明打贏了仗，還得花鉅款哄著敵人，後世有很多人無法理解這種行為，覺得宋真宗是「軟骨頭」。

如果透過現象看本質，會發現宋朝非常精明，簽條約其實是賺了。

之前數次進攻的失敗已經表明，遼國這個傢伙不是那麼好惹，宋朝未來肯定要和他長期「相處」。

組織十萬宋軍和遼國交戰，就需要花費三百萬兩白銀。

即使沒有爆發戰爭，也需要維持一支大軍來防守，開支遠超過每年給遼國的錢物，更別提戰火會摧毀城市而帶來無法估計的損失。

陛下，我們打贏了，卻要賠款，對陛下的名聲怕是不太好啊！

你這個豬腦袋！你分不清三百萬兩和十萬兩哪個多，哪個少嗎？

🪙 宋朝就是打算給遼國交點保護費了事，好換回日常的安寧與和平，只要不出意外，安安心心種地、做買賣，一下子就能把保護費賺回來，絕對不算吃虧。

看看這經濟發展，心裡是不是有底多了？

還是陛下有遠見！

🪙 當然，前提是不出意外。大家別忘了，除了遼國，宋朝還有另一個對手——西夏。

沒錯，我們西夏就是那個意外！

2

北宋篇（中）

危機中的改革

🍪 西元一〇〇五年，宋朝與遼國在澶州簽訂合約，雙方談好了，從此不再互毆，以兄弟之國相稱。

🍪「哥哥」宋朝每年送鉅款給「弟弟」遼國，而「弟弟」只要管好自己的手，別揍「哥哥」就行。

雖然「花錢買和平」聽起來有點可恥，但當時的宋朝人都覺得賺了。

畢竟打仗要花錢，也會死人，打輸了還要割地，不如交點保護費了事，可以安安心心地享受太平日子。

但他們不知道的是，這份安寧是有時限的⋯⋯

西元一〇三九年十一月，朝廷收到一封信，寫信的人名叫李元昊，是住在西北地區的黨項族首領。

自宋朝建立以來，黨項人名義上臣服於宋朝，實際上不怎麼聽話。

他們不僅隨意攻殺周邊的其他部落，擴張自己的勢力，還和宋朝的死敵遼國狼狽為奸。

到李元昊成為首領時，黨項人覺得自己的翅膀硬了，決定單飛建國。

西元一〇三八年，李元昊稱帝，建立大夏政權，就是俗稱的西夏。

在稱帝一年之後，李元昊才寫信通知宋朝。

此時在位的是宋仁宗趙禎，他看到這封信的時候，簡直氣瘋了。

朝廷裡的多數大臣都主張立即出兵討伐，折斷西夏的翅膀，於是宋、夏戰爭就此拉開帷幕。

令人大跌眼鏡的是，面對自己昔日的小弟，宋軍竟然三戰全敗。損失數萬人，二十幾位大將戰死，多座城市被西夏洗劫。

> 你……你別過來！

> 就憑你派的這幾個廢物，也想擋住我？

好在西夏剛建國，家底不夠厚，他們發現，打仗搶來的財物無法抵消自己的軍費開支，決定與宋朝談和。被打得肉疼的宋朝，自然是求之不得。

> 我看也沒幾個人可以給我殺了，要不然現在給你一個機會，和我談和怎麼樣？

> 好好好！以和為貴！和氣生財！

然後，一個新的不平等條約誕生了，內容如下：

不平等條約

宋朝承認西夏國的存在，西夏要重新向宋朝稱臣，但西夏不用納貢，反而是宋朝發「賞錢」。每年要給西夏白銀五萬兩、絹十三萬匹、茶二萬斤。其他歲時賞賜計銀兩二萬兩、絹二萬匹、銀器二千兩、細衣著一千四、染帛二千匹、茶一萬斤。

更倒楣的是，之前已經簽了條約的遼國，也趁著宋朝被西夏痛打，上門來討價還價。

遼國要求宋朝每年多給自己歲幣銀十萬兩、絹十萬匹。宋朝在無奈之下也只能答應，史稱「重熙增幣」。

老宋簽字呢？順便把我這一份也簽了吧！

🔖 宋朝經歷慘痛的失敗，還背上沉重的「保護費」負擔，終於意識到自己並不強大，而是一隻待宰的羔羊。

於是，宋朝第一屆全國檢討大會開幕。

🔖 會議上，副宰相范仲淹總結失敗的原因，他一針見血地指出：

宋朝國弱的根本原因，在於官場有太多沒能力的廢柴官員，他們不但浪費國家的錢，還嚴重影響辦事效率，也影響軍隊的戰鬥力。

📖 范仲淹不是信口開河，因為宋朝皇帝是造反起家，他擔心歷史重演，所以對官員嚴加防備，把一個職位拆開讓多人來分管。

📖 到了宋仁宗寶元年間，中央官員超過一．三萬人，發工資都是一筆巨大的開支。

📖 唐朝的中央官員最開始只有二千人，而後被精簡到六百四十人，但宋朝的疆域卻不及唐朝的四分之一。

🔖 因為分權過度，還出現「三個和尚沒水喝」的情況。

遇到需要擔責任的事情，這些官員就開始互相推諉，消失得無影無蹤。要是說到貪汙受賄，他們就都跑出來了。

🔖 宋仁宗非常認可范仲淹的意見，並授權范仲淹進行改革。於是，老范開始撸起袖子整頓官場！

以前是官員只要不犯錯誤，混夠年分就能自動升職。

范仲淹改革後，官員要考察政績才行，不合格的官員，輕則斷送升職之路，重則直接被掃地出門。

這官場，我老范說了算，滾！

范仲淹還修改了科舉考試的內容，從以前只注重寫詩和文章，改成偏重策論和經學，也就是考如何解決國家的實際問題。

免得官場裡擠滿只會吟詩不會辦事的書呆子。

啊！此情此景，我想吟詩一首！
范公揮掃一瞬間，庸官齊齊飛上天。

飛上天啊飛上天，最後一句怎麼編？

編你個頭！你這個只會押韻的飯桶也給我滾！

🗨 據說，當時范仲淹考核績效時，拿著筆在朝廷的官員名冊上劃，每劃掉一個，就開除一個。

🗨 連支持他改革的同事都看不下去了，勸他別太衝動，畢竟劃一筆就有一家人要抱頭痛哭，范仲淹直接回答：

📜 范仲淹對官場動刀，讓無數「老油條」丟了鐵飯碗，他們自然恨范仲淹入骨，聯手去告了御狀。

📜 說起來，這些告狀的人也是夠狡猾的！他們沒說范仲淹亂開除官員什麼的，而是狀告以范仲淹為首的改革派，結黨營私、陰謀奪權。

這一招可謂狠毒，自古以來，沒有哪個皇帝不怕被奪權。

所以，宋仁宗漸漸疏遠范仲淹，范仲淹等改革派大臣也相繼被調離京師，後又相繼被貶。

這些大臣離開後，他們推行的法令也相繼取消，改革走向失敗。

🗪 至少官場來了一次大換血，撤掉大批無能的官員，讓有能力的人頂替了上去。

　　回頭想想范仲淹瘋狂劃名冊那件事，說不定他早就料到自己的下場，想著能趕走幾個老油條是幾個。

🗪 短暫的改革中，出現了不少官場新星⋯⋯

說起包拯這個人，大家肯定會馬上聯想到他無敵的查案本領，還有那黑炭一樣的皮膚，以及額頭上顯眼的月牙圖案。

不要問為什麼，就是電視劇裡看來的。

黑炭頭上帶月亮，肯定是包偶像！

你這石頭，長得像月亮就了不起？砸得我疼死了！

然而現實中的包拯，可能和大家對他的印象有點差別……

首先，包拯不是名偵探，也不常出外勤搞刑偵。

包大人……這凶殺案……

案什麼案，你找錯人啦，我又不是柯南！

除了民間故事，比較正經的史書都只記載他做為紀律委員和法官的事蹟。
包拯的膚色也不漆黑如炭，腦門上更沒有月牙形狀的圖案。

為何說包拯是紀律委員呢？因為他基本每天都在彈劾貪官汙吏，不管你在
什麼職位，有什麼來頭……
只要你做的壞事被包拯知道，他必定到皇上面前告你一狀。

上到宰相、皇親國戚，下到小知縣，基本上全被包拯彈劾過……

就連宋仁宗本人都嘗過他的厲害……

有一次，包拯上奏彈劾張堯佐（宋仁宗最愛貴妃的伯父），宋仁宗免去張
堯佐的職務，但為了安慰愛妃，改命他為宣徽南院使、淮康軍節度使、景靈宮
使、同群牧制置使。

沒過幾天，包拯又寫了奏摺給仁宗，上來就開噴：

陛下您不顧老百姓的意見，
非要任用這種殘暴的官員，
有您這樣的皇帝，真是老百
姓的不幸啊……

這……總算知道大家為何
那麼怕這傢伙了……

📖 包拯在開封當地方官時，負責審理當地的案件。

開封當時是都城，案件經常牽扯到皇親權貴，包拯一直保持公正，該怎麼判就怎麼判，因此沒少得罪人。

📖 但權貴們拿他沒辦法……

包拯一不貪汙受賄，只拿死工資；二不拉幫結派，是朝中的獨行俠，他們壓根沒什麼理由扳倒他啊！

 包拯在百姓心裡的地位倒是很高，大家覺得他剛正不阿，堪稱「鐵面判官」，所以把他的戲劇形象弄成黑臉。

相信我，沒錯的！這種高冷的打扮和您的人設更配哦！

鐵面判官

好了沒有？我的手都麻了……

 百姓還認為，包拯是神話中的文曲星轉世，是下凡來拯救蒼生的，白天在陽間斷案，晚上還要加班去審理陰間的案子。

所以，他們又在包拯腦門上「安」了月牙，做為穿越陰陽的標誌。

你別說，整成這樣真的還挺嚇人的！

鐵面菜仙

要是晚上起夜照鏡子，嚇到自己怎麼辦？

📖 范仲淹改革失敗後，包拯幾乎靠自己的威懾力，守住宋朝官場的底線，不然這幫老油條真的就在朝廷裡自由奔放了。

📖 然而，包拯的作用始終有限，只要宋朝的體制不改，官場的風氣和辦事效率永遠都好不到哪裡去。

在北方虎視眈眈的遼國和西夏，不會因為包拯的存在就變成溫柔善良的好鄰居，條約中提到的巨額保護費，宋朝每年還得照交不誤。

想扭轉這種不利局面，根除宋朝的頑疾，還是需要有人接范仲淹的班，再搞一場變法。

不畏浮雲遮望眼，

自緣身在最高層。

下一隻出頭鳥自信滿滿地說道⋯⋯

我行，我上！

王安石

3
北宋篇（下）

收入高但存款低的煩惱

🗨 北京故宮博物院收藏著一件無價之寶⋯⋯

就是《清明上河圖》！

🗨 這幅巨作出自宋朝畫家張擇端之手，原畫長五百二十八公分，高二十四 ·
八公分，描繪了當時都城汴京的景象。

《清明上河圖》（局部）

🗨 畫作中的汴京街頭非常熱鬧，馬車、轎子、船隻川流不息，道路兩邊布滿
各式各樣的商鋪，人群熙熙攘攘，叫賣的攤販、看風景的市民、幹活的船夫、
吃飯的食客，都躍然紙上。

🪙 如果你觀賞這幅畫，會覺得自己彷彿穿越時空，置身於那座繁華的古城。
但是，看《清明上河圖》的人可能不知道……

> 如果要描繪宋朝所有的繁榮，
> 張擇端可能一輩子都畫不完。

🪙 因為像汴京這樣的大都市，總人口有二十萬戶以上。居民達到十萬戶以上的城池，北宋朝有四十多個（到宋徽宗崇寧年間上升到五十多個）！

> 像這樣的畫，你至少還
> 要畫五十張哦！

🪙 大城市的數量多，在今天是國家富裕的標誌，其實在古代也一樣。

🂠 宋朝的手工業非常發達，造紙、織布、燒瓷的技術在當時已經非常成熟，所以遍地都是手工作坊，生產出來的大量成品可以擺到市集裡去賣。

又燒出一件上乘的瓷器，我要收藏起來！

你也不看看家裡還擺得下嗎？
都給我拿去集市上處理了！

你再敢收藏！

🂠 不僅內部消化，手工製品還能出口。西元十一世紀時，有五十多個國家與地區和宋朝保持貿易往來，商船裝著這些貨物前往世界各地，完全不愁沒有銷路，當老闆的各個荷包鼓起。

老公，你這是去地主家打劫了嗎?!

我把藏品都賣給洋人了……好重！快來幫我！

因為手工業的和商業的發達，朝廷每年都要鑄造大量錢幣。

後來，國內的金屬礦不太夠用了，北宋人甚至為此發明世界上最早的紙鈔——交子。

工匠、作坊老闆、商人平時要吃飯，養活了大批餐館；他們要找樂子，各種戲院、青樓就開了起來；他們賺了錢，要置辦家產，就促進房地產行業的發展。

宋朝的城市就這樣飛速擴張，變成一個個大都會。

大家也許會覺得，民間一片繁榮，在宋朝當皇帝肯定有超強的幸福感。

因為他光是看朝廷的帳本，就能氣暈過去。

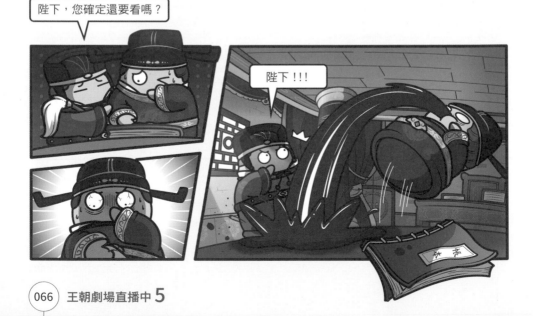

🍚 宋英宗親政的第二年（治平二年），朝廷的總收入合計一億一千六百一十三萬餘兩，聽起來很闊氣，對不對？

陛下……是不是該發一下工資了？

陛下！這是今年的總收入！

發了、發了！發財了！

那……那先發一下工資吧！

🍚 然而，朝廷的支出就高達一億二千零三十四萬餘兩，國家處於入不敷出的狀態。

　再加上其他開支，還有每年交給遼國、西夏的保護費，國庫以驚人的速度虧空，要是再這麼搞下去，整個趙家都得把家底交出去。

發完工資，連朕的私房錢都搭進去了！

為何要支付這麼多的官員工資和軍費呢？

宋朝為了防止官員專權，習慣性把一個職位分成 N 個，造成官員人數暴增，這就需要很多錢來發工資。

范仲淹之前已經嘗試過改革，但觸動一些官員的利益，就沒能成功。

為了應對西夏和遼國，宋朝被迫維護著有上百萬士兵的軍隊，但朝廷又怕士兵造反，所以把精銳都抽調到中央的禁軍中了。

🥟 留在各地的都是老弱病殘或遊手好閒的人，平時都不會認真訓練，戰鬥力四捨五入約等於零，等於朝廷花鉅款養了一群吃白飯的人。

🥟 可能是看完帳本受到太大的驚嚇，宋英宗上臺還沒幾年，就直接病死了，光榮而艱鉅的理財任務就交給他的兒子宋神宗。

📖 宋神宗登基後不久，就找手下商量怎麼解決問題，大臣們分為兩派：

一派以大學士王安石為首，要求大刀闊斧地改革，最終實現在不加重老百姓負擔的前提下，增加國庫的收入。

📖 而另一派大臣則以司馬光為首。沒錯！就是小時候砸缸救人的那個司馬光！

📖 他們堅決反對改革，理由如下：

社會資產總共就那麼多，不是在民間，就是在國庫，改革肯定會加重百姓的負擔，難道你王安石能憑空把錢變出來？

陛下且慢！

臣覺得，如今的局面就像這塊堅硬的石頭，光靠改革是解決不了問題的！

你又想幹嘛？

📖 宋神宗想來想去，覺得「撐死膽大的，餓死膽小的」，還是決定在王安石身上賭一把，西元一〇六九年二月，宋神宗授權王安石開始改革。

史稱「熙寧變法」！

📖 王安石先對軍隊進行改革：
士兵五十歲後必須退役，老弱病殘不能在軍隊混飯吃。

📖 剩下的士兵也得加強訓練，要是沒有通過考試，一樣得收拾包袱滾蛋，這樣既精簡軍隊的人數，又提高了軍隊的戰鬥力。

至於裁汰「戰五渣」*留下的缺口，就用保甲法填補。

保甲法實際上就是一種民兵制度：平日裡，農民正常耕種，國家不用給他們工資和軍糧；農閒時，他們接受訓練，打仗了就響應號召入伍。

哇！你看啊！他又被老婆打了！

大驚小怪！他是在接受抗打訓練，免得上戰場直接被秒殺！

同時，王安石推行青苗法，在天災、歉收等困難時期，把國庫裡的錢糧借給百姓，相當於國家給的應急貸款。

糧食歉收……這個年怕是難熬了！

糧食歉收？需要緊急貸款嗎？首月免息，現在辦理業務，加送大米一袋！

還有這種好事？

---

* 完整的語句是「戰鬥力只有五的渣滓」，出自漫畫《七龍珠》的人物拉帝茲。

他還寫了農田水利法，鼓勵老百姓開荒、修水利工程。至於工程需要的費用，小者由州縣自行解決，大者奏報朝廷實行。

王安石的種種政策，聽上去非常美好……

🐚 政策有這麼重大的變動，至少需要十年才能平穩推行，但王安石為了讓守舊派大臣閉嘴，想在一、兩年之內改革到位。

🐚 其結果是，宋軍一聽說要大裁員就軍心不穩，甚至有士兵集體鬧事。

🛡 王安石的某些利民政策，反過來害苦了百姓，例如應急貸款和修水利。

基層官員為了讓政績好看，在沒有天災時也逼著百姓貸款，沒有必要修水利也逼著百姓掏錢。

🛡 這就給守舊派落下口實，整天上奏告王安石的狀，也罵其他改革派大臣。

改革派自然不是吃素的，肯定得反駁回去，你一招、我一招，就差沒有在朝堂上打群架了。

選手沒有分出勝負，裁判倒是先換人了。

西元一〇八五年，宋神宗駕崩，繼位的宋哲宗年紀還小，真正管事的是太后，太后重用司馬光為宰相。

📖 這位老兄也不客氣，一上來就把新法全廢掉了，王安石自知大勢已去，默默收拾行李回家養老。

我知道鬥不過你，我去借貸些錢回家養豬！

你那個借貸法案已經被我廢除了，你直接滾吧！

慢著！

嗯？這老傢伙果然還是要挽留我！

📖 其實王安石不算很慘，最慘的人應該是東坡先生 —— 蘇軾！

王安石得勢時，蘇軾覺得變法措施還有待商榷，改革派認準了他是守舊派的骨幹，想法子陷害他，搞得蘇軾被貶。

王大人，我覺得……

一個守舊派的骨幹，大人別理他！

嗯？誰？

🕮 蘇軾降職去了偏遠地區，目睹民間的實際情況，發現新法也有一定好處。

🕮 所以司馬光得勢時，蘇軾建議司馬光不要「一刀切」，應該取新法的精華，去除糟粕，這番言論又導致他被守舊派視為改革派餘孽。

🦪 改革派和守舊派的爭鬥一直持續到西元一一〇〇年，這一年，宋徽宗即位。
他是極其優秀的書法家、畫家，同時又是詩人、奇石鑑賞大師。

🦪 書法裡的「瘦金體」，就出自宋徽宗之手。他留下的畫作……

🪨 他唯獨不是一位好皇帝……整天忙著搞藝術，壓根不關心國家大事。

🪨 誰向他啟奏，他只會說：「嗯，好的，知道了。」只想著趕緊把大臣打發走，不要耽誤他在藝術的海洋中遨遊。

🍘 攤上這種沒心沒肺的皇帝，改不改革都沒意義了⋯⋯

🍘 遼國的東北方向有一個女真族建立的金國，金國人向宋徽宗提議簽訂盟約，想聯手滅掉遼國。

 宋徽宗一想，這可是祖宗 N 代都沒完成的任務，就高高興興地答應了。

我終於要光宗耀祖了！

這傻孩子……

 但這場仗卻打得很難看，金軍打遼國，勢如破竹；宋軍打遼國，連吃敗仗。
遼國只剩殘兵敗將時，宋軍還差點被反殺，可謂相當丟人。

你們已經被我們千人大軍包圍啦！快投降吧！

不！是你們被我們數十人包圍了！

後來，遼國總算被滅掉了，宋徽宗還覺得是宋軍驍勇善戰的結果，只顧著沾沾自喜。

我軍當時只用幾千人就困住了遼軍幾十人！要不是最後他們開外掛，肯定會被我們輕鬆剿滅！

而金國人的想法不同，他們第一次認識到，原來宋軍弱得超乎想像，遼國滅亡之後⋯⋯

他們很快把屠刀架在了宋朝的脖子上！

🎩 西元一一二五年，宋、金戰爭爆發，宋軍兵敗如山倒，大藝術家宋徽宗不知所措，趕緊甩鍋，把皇位傳給兒子。

陛下！臣有要事相報！

報上來！

太子？陛下去哪裡了？

父王說了，從今天起，我就是陛下了！

🎩 兩年後，金國攻陷宋朝國都汴京，大肆屠殺、破壞，《清明上河圖》中的繁榮之景瞬間化為灰燼。

🏛 宋徽宗和他的兒子被俘，被當作戰利品送回金國展覽。

　　尊貴的后妃、公主也成為階下囚，要嘛被金軍折磨至死，要嘛當一輩子奴婢，史稱「靖康之變」。

🏛 宋徽宗的第九個兒子僥倖躲過戰爭，逃往了南方，他在大臣們的推舉下，登基成為宋高宗。

以此事為分界，之前的宋朝被稱為北宋，偏安南方的新政權則是南宋。

陛下！新的王朝要叫什麼名字？

傳陛下旨意，我們以後就叫南宋了！

哎，難……真是太難了！

金軍看到這副場景就覺得很好笑，之前完全體形態的北宋都被他們打得落花流水，現在只剩半壁江山的南宋能撐多久？半年？一年？

將軍，不好啦！宋徽宗的兒子又建立一個南宋，我們要去把他掐死在搖籃中嗎？

等他發育好了，我們再去搶一波美人！

不急，讓他們再發育一段時間！

金軍沒有想到的是……

還有知恥而後勇的南宋軍民，正在趕來的路上！

一群志在精忠報國的南宋將領……

真正的對決，才剛剛開始！

4
南宋篇（上）

岳飛是秦檜害死的嗎？

🪙 西元一一四二年一月二十七日，南宋王朝的監獄內，一名「重犯」被處以死刑。

當這個消息傳到民間，人們沒有拍手稱快，反而痛哭流涕，為他喊冤。獄卒還冒險偷走他的遺體，背到監獄之外好生安葬。

🪙 這個在朝廷眼裡犯了死罪的人，在百姓心中是一心為國的功臣，是忠義與勇氣的象徵，他的名字叫岳飛。

📖 時間倒回北宋年間，西元一一○三年，岳飛出生在相州湯陰（今屬河南），家裡世世代代務農，原本他該接過祖傳的鋤頭，種一輩子田。

📖 但讓岳飛去種田有點大材小用，根據史書記載，他天生神力，小小年紀就能輕鬆拉開強弓。

而且他非常擅長騎射，還拜了一位武術大家為師，學會十八般兵器，打算去戰場上殺敵報國。

民間傳說中的岳母刺字，就是講岳飛在西元一一二六年再次投軍時，母親為了鼓勵他，在他背後刺下「精忠報國」四個字。

西元一一二五年，女真人建立的金國和北宋開戰。岳飛幾經周折，投靠抗金名將宗澤。宗澤的打仗水準比較可靠，他率領的宋軍與金軍打了十三場仗，未嘗一敗。

其間，岳飛的表現很突出，曾多次擊敗金軍。

他還衝在隊伍最前面，開啟無雙割草*模式，斬殺許多敵將。

---

* 指「割草遊戲」。割草，顧名思義，一刀下去就是一片，指殺小兵快，一次攻擊就能打敗很多敵人。

然而，宗澤、岳飛這路人馬的勝利，無法挽回局勢，宋軍的其他將領一敗塗地，北宋王朝很快就嚥了氣。

在紛飛的戰火之中，僥倖躲過一劫的第九皇子，在南京（今河南商丘）登基成為宋高宗。他匆匆忙忙重建朝廷，就是所謂的「南宋」。

南宋要面對的首要問題，就是怎麼解決打到家門口的金軍。擺在宋高宗面前的路有兩條：

宋高宗哪條路都沒選，他叫部下抗擊金軍，自己先到南方巡視（避難）一下。如果打贏了，那是最棒的，自己就回來過好日子；打不贏的話，就和金國求和。

岳飛看不下了，直接上書請求宋高宗不要開溜，而是應該直接御駕親征鼓舞士氣，一口氣打敗金軍，收復失地。

岳飛這次上書激怒了宋高宗與朝中的主和派，他們以「小臣越職，非所宜言」為罪名，把岳飛攆出軍隊。

這八個字的大意就是：

🍥 岳飛一點都不氣餒，他投奔了河北路招撫使張所，張所也非常賞識他。

🍥 岳飛的心態還可以，但宋高宗此刻的心態已經崩壞，因為西元一一二九年，南宋發生一件大事……

🍪 兩位宋軍將領苗傅、劉正彥認為宋高宗寵信宦官、奸臣，卻沒有提拔抗金有功的自己，心中非常不滿，就帶兵逼迫宋高宗交權。

🍪 宋高宗勸也勸不動，哄也哄不好，就差下跪求饒了。

　　他覺得大勢已去，一度宣布退位，幸好忠於他的將領韓世忠前來救援，及時鎮壓叛軍，讓宋高宗重新登基。

👑 這件事在宋高宗的心裡留下巨大陰影，他第一次意識到能方便、快捷、輕鬆要自己命的不是金國人，而是手底下這幫將領。

　　苗劉兵變後，宋高宗鞏固自己統治的求生欲逐漸壓過收復失地的願望。

陛下，臣請戰，只要給我五萬精兵，必定收回失地！

什麼？

你是想叛變吧！還敢跟朕要兵！拖出去砍了！

冤枉啊！陛下！

👑 如果可以的話，宋高宗肯定會當場宰掉所有武將，但現實情況不允許他這樣做……

因為宋高宗還需要他們去抗金！

西元一一二九年，金軍再次大舉攻宋，宋高宗這次沒有去南方「巡視」。

他乾脆直接坐船逃到海上，準備等金軍撤退後再回來，這個月不行就下個月，今年不行就明年……

為了讓這位「下海皇帝」早日上岸，很多宋軍將領把老命都拚上了。

例如專職幫皇帝「擦屁股」的韓世忠，曾經與梁紅玉齊力指揮作戰，僅以八千兵力伏擊五萬金軍，竟然還把金軍包圍，困了他們四十八天……

📖 岳飛也出了不少力，他在上司果斷賣國投降的情況下，自己帶著少得可憐的人馬，一邊收編逃兵和山賊土匪，一邊和金軍鬥智鬥勇，擋住他們的鐵蹄。

📖 在這些宋軍將領的拚死抵抗下，金軍沒能順利打到南方，只是搶劫一通就溜了。

「下海皇帝」宋高宗在船上搖搖晃晃幾個月，總算能爬上岸了。

🖐 宋高宗重賞了韓世忠和岳飛，把大批軍隊交給他們指揮，還親筆在旗子上寫「精忠岳飛」四個字，並賜給岳飛當戰旗。

🖐 岳飛沒有讓宋高宗失望，此後幾次帶人北伐，收復大片失地，把金軍打得丟盔棄甲。

他還鍛鍊出一支非常能打的岳家軍，是南宋當時最強的軍隊。金軍都不禁發出「撼山易，撼岳家軍難」的感嘆。

從表面上看，南宋的局勢一片大好，皇帝和武將的關係很親密，實際上卻是暗流湧動。

大家還記不記得，金國抓了北宋的兩位皇帝當人質？一個是宋高宗的爹，一個是宋高宗的哥哥！

宋高宗很害怕岳飛等人把金國逼急會直接撕票，自己就落了個「害死」親人的罵名。

他也害怕金國會扶持哥哥做傀儡皇帝——那自己坐皇位的合法性在哪裡？

所以，宋高宗內心最深處還是希望和金國求和。

金國打不過我們，一副氣急敗壞的樣子，還說手上有我們的把柄，我又揍了他們一頓！

哇，還是岳將軍厲害啊！

與此同時，岳飛的勢力在幾次北伐中不斷壯大，一度掌握南宋五分之三的軍隊。

不誇張地說，只要岳飛有造反的念頭，估計宋高宗是看不到明天的太陽。

而且岳飛曾經上書，建議宋高宗早點確定繼承人，以免金國那邊扶持傀儡皇帝。

這也引起宋高宗的警覺，他認為岳飛有干涉朝政的野心。

有一個人準確讀出宋高宗的心思，就是主張議和的宰相秦檜。

秦檜狂吹耳邊風，讓宋高宗剝奪韓世忠的兵權。

正在拚命北伐，已經打到北宋舊都附近的岳飛也被十二道急令召回，然後調離軍隊，岳飛撤兵時哀嘆：

秦檜本來是想把韓世忠和岳飛都殺掉，但韓世忠在苗劉兵變時救過宋高宗，宋高宗想了想，還是決定讓他安享晚年，於是秦檜就開始整岳飛。

秦檜向宋高宗告發，說岳飛被解職後，曾寫信叫他兒子和部下起兵造反，逼迫朝廷恢復他的兵權。

按照南宋的律法，有關人等應該全部處以死刑。

🫘 韓世忠聽說秦檜要殺掉自己的戰友，瞬間暴跳如雷，直接衝進秦檜家裡，要他拿出證據，秦檜說了一句千古名言：

🫘 岳飛被處死的同時，其子岳雲和部下張憲也被殺害。

很多人都覺得秦檜是殺害岳飛的凶手，如今中國大多數的岳王廟都有秦檜的跪像，日復一日受著遊客的唾罵。

但讀到這裡，你應該會明白，當宋高宗開始猜忌岳飛，岳飛就已經難逃一死了……

🗨 岳飛死後，宋、金立刻成功簽訂停戰條約，南宋向金國稱臣納貢，並將岳飛收復的失地割讓給金國，史稱「紹興和議」。

🗨 宋高宗對這個結果很滿意，雖然賠錢、賠地又丟人，但以後能過太平日子，不用再提心吊膽了。

如果非要給這份太平加個期限，宋高宗希望是一萬年！

🍥 但金國表示一萬年太久，二十年已經是極限了。

西元一一六一年，金國單方面撕毀合約，六十萬大軍南下攻宋，把一心求和的宋高宗的臉打得啪啪響。

陛……陛下，不好了！
金國出爾反爾，打過來了！

🍥 最能打的岳飛和韓世忠，一個已經被殺，一個老死，宋軍的戰鬥力大不如前。

金軍很快逼近都城，宋高宗又玩起老招數，準備坐船逃去海上，還下令解散朝廷。

還好朕多留了個心眼，
把船保存下來了！

你們以後就各回各家，
各找各媽！朕先行一步！

還好朝廷裡有幾位厲害的文官，他們的「武將之魂」在危機時刻覺醒了！

這些文官一邊安撫宋高宗脆弱的心靈，勸他不要當「趙跑跑」；一邊針對金軍不擅長水戰的弱點，出動新式戰船，在長江上痛打這些旱鴨子，化解了金軍的攻勢。

🍮 金軍退兵後，一直鼓吹「議和大法好」的宋高宗，自知沒有顏面再混下去了，決定讓位給太子趙昚，即南宋第二位皇帝 —— 宋孝宗。

別睡了！父王帶你去登基！

🍮 經此一戰，朝中大臣終於明白，和約這東西是防君子不防小人的，和金國交流，講到底還是要靠拳頭！

哇，這就是把金國打趴下的拳頭嗎？

👑 宋孝宗也是一位堅定的主戰派人士，上臺後就開始謀劃北伐，想拿回曾經屬於趙家的地盤。

眾愛卿有何良策啊？

👑 習慣蹲在地上抱頭挨打的南宋，這一次終於站了起來，和金國在擂臺上以命相搏，那麼，誰是最終的勝者呢？

我們留到下一章再來講述吧！

5

南宋篇（中）

存天理，滅人欲

🪨 西元一一六一年秋天，金國撕毀與南宋的和平條約，派大軍南下攻宋。
宋軍依靠長江天險拚死抵抗，才把金軍趕回去，保住了南宋的地盤。

🪨 這場戰爭過後，宋高宗都不好意思賴在皇位上……決定「禪讓」，讓養子
趙昚上臺。

宋孝宗希望用武力解決問題，坐穩皇位後，立刻掃走朝廷中一大批主和派。

然後他開始整軍備戰，起用老將張浚，率兵六萬北上進攻金國，史稱「隆興北伐」。

🥟 宋孝宗之所以讓張浚當主帥，是因為他在武將中資歷最老，曾經和岳飛、韓世忠並肩作戰。

　　但宋孝宗忽略了一個問題，高年級不等於知識水準高，和名將共事過不等於有名將的才能。

🥟 其實，張浚的戰鬥力很一般，他以前打過很多次敗仗，而且已經垂垂老矣，根本無力指揮大軍。

📖 所以在北伐的宋軍內部，將領們瘋狂鉤心鬥角，打著自己的小算盤……

📖 北伐初期，宋軍趁金國沒有防備，連贏數場，收復大片失地，中原已經近在眼前，他們就開始膨脹了。

　　有士兵違反軍紀，跑去哄搶俘虜身上的衣服，有將領私吞戰利品，不分給手下的士兵，反正就是一片混亂。

🦪 金國人從懵懵狀態中醒來，開始調集軍隊反撲，宋軍的紙老虎本質就暴露了。

一位宋軍將領希望分兵兩路，像鉗子一樣夾擊金軍。可是他到位了，發現另一路友軍隊壓根沒來。

將軍！不是說我們包夾他們嗎？怎麼反過來了？

你問我，我問誰去啊 ?!

🦪 率領另一路宋軍的將領覺得金軍太猛，根本打不過，所以他直接抗命，拒絕進攻。他甚至還對士兵說：

夏天這麼熱，在遮陽傘下面扇扇子都不夠涼爽，穿上盔甲打仗不是要人命嗎？

把打仗當成公費度假，這要是能贏，那才叫見鬼了！

西元一一六三年六月，宋孝宗接到前線戰報，內容很少，但字字誅心——北伐宋軍慘敗，幾乎全軍覆沒。

堅定的主戰派人士——宋孝宗，瞬間就不堅定了，在床上翻來覆去好久，最終還是決定議和。

於是，前不久被他趕走的主和派大臣，又被他叫回來去和金國談判。

主和派討價還價，最終和金國簽訂了「隆興和議」……

🍳 南宋以前要向金國稱臣，現在是金國為叔、南宋為姪，每年要交的保護費也稍微少了一點。

　　然而，對南宋來說，條約的最後一條堪稱血虧：南宋要把北伐中收復的失地全部送還給金國。

祖宗們息怒！原諒我吧！

🍳 宋孝宗對這場虎頭蛇尾的北伐感到失望透頂，雖然還懷著收復舊土的夢想，但餘生都沒有再組織北伐。

夢想，還是得留著晚上做夢再想吧！

🥟 戰——和——戰——和，南宋這一頓左右反覆橫跳的操作，改變無數人的命運……

🥟 北宋滅亡十三年後，辛棄疾出生於金國管轄下的山東濟南，但他從小就立志反金。

西元一一六一年，金軍傾巢出動，南下攻宋。

辛棄疾立刻開始行動，他和其他志士在濟南起義，準備讓金國的後院起火。

辛棄疾希望和宋軍夾攻金軍，於是，他帶著幾個隨從，一路飛奔到南宋朝廷所在的杭州，面見皇帝且說清楚計畫。

辛棄疾在飛奔回去的途中聽到了噩耗——起義軍中出了一個叛徒，他殺害起義軍領袖。

於是，辛棄疾帶著五十名騎兵殺進有五萬敵軍的大營，把那個叛徒活捉出來，然後又把他帶到南宋斬首示眾，全國上下都轟動了。

那一年，辛棄疾只有二十二歲，他用行動證明「無雙割草」遊戲……

南宋當時的都城在杭州，和濟南的直線距離超過七百公里，沿途全都是金軍，還有打劫的土匪和山賊，對普通人來說絕對算死亡之旅。

而辛棄疾來來回回幾趟，說走就走，像玩似的，這種奇才放在今天，肯定能進特種部隊。

🍤 辛棄疾投奔南宋後，希望盡自己全力參與抗金，卻處處不如意。

　　首先，在朝廷裡論資排輩，他做為一名晚輩肯定墊底；其次，他人生地不熟，沒有關係、背景就沒辦法辦事。

> 你這個新來的小夥子懂不懂規矩啊？站後面去！

> 就是！都站到本官前面去了，你有我這種資歷嗎？

🍤 所以，宋孝宗在隆興北伐時沒有起用辛棄疾；簽訂「隆興和議」後，宋孝宗瞬間失去夢想，想起用辛棄疾也沒辦法了！

> 我終於熬夠資歷了！陛下，請讓臣為抗金出一分力！

> 陛……陛下？

> 算了吧，花有重開日，人無再少年……

在此後的幾十年裡，曾經名震天下的辛棄疾，只是官居閒職，做一些文書的工作。

辛棄疾無數次上書，表明自己收復失地的計畫，也曾自願為朝廷練兵，但換來的只是皇帝例行公事地表揚，而非北伐的命令。

年復一年的等待讓辛棄疾失望透頂，他拿起筆，把自己的壯志、委屈、憤恨都寫在紙上。辛棄疾終成一代文學大師，人稱「詞龍」。

📖 與辛棄疾一樣，被時代洪流推著走的還有中國古代最有爭議的人物之一——朱熹。

朱熹也是主戰派人士，宋孝宗剛登基那年，他就當面提出要全力抗金的建議。

然而，當時朝中主和派還沒被肅清，所以朱熹並未得到重用，反而被主和派排擠走了。

雙方簽訂「隆興和議」後，主和派東山再起，自然不會讓朱熹進入權力中心。朱熹索性放棄追求升官，潛心研究學問。

他的主要課題是理學，即儒家學說的改進升級版，核心思想為格物致知，就是透過探究萬物來領會天理。

🗨 什麼是天理呢？

　　儒家的三綱五常就是天理——君為臣綱，父為子綱，夫為妻綱，還有五常，仁、義、禮、智、信。

🗨 理學家認為天理是人性的最高境界，只要所作所為都符合天理，誰都可以變為聖人。

　　一旦踏上這條路，就要有付出生命的心理準備，餓死事小，失節事大。

🔖 朱熹在前人的基礎上，進一步發展理學，提出「存天理，滅人欲」的觀點。

意思就是，人性本來與天理一致，但社會環境有太多誘惑，讓人們產生欲望，違背了天理，所以人應該克制自己的欲望。

🔖 一講到「三綱五常」，一講到「存天理，滅人欲」，恐怕很多人已經準備「呸」了，這不就是束縛了中國人的封建思想？

📖 朱熹提出「存天理，滅人欲」，並非吃飽沒事做，其根本目的還是為了強國、北伐。

他和北宋的范仲淹、王安石一樣，想要發起一場改革，只不過范、王改制度，他想改變人的思想。

📖 當時的南宋朝廷，很多重臣和他們的家屬道德敗壞，平時只知道撈錢享樂，私生活極其荒淫。

國難當頭，這些人卻最先考慮自己的利益，根本沒把皇帝和國家當回事！

隆興北伐的鬧劇就是典型案例，朱熹都看在眼裡，再加上古人向來都有「禮不下庶人」的傳統，對平民百姓要求沒那麼高。

朱熹這句「存天理，滅人欲」，很可能只是講給權貴們聽的，讓他們克制欲望，好好完成自己的使命。

舉一個例子，大家應該都聽過「三綱五常」要求婦女不得改嫁。

有一回，朱熹聽說朋友陳師中的妹妹想改嫁，立刻寫信去勸阻。

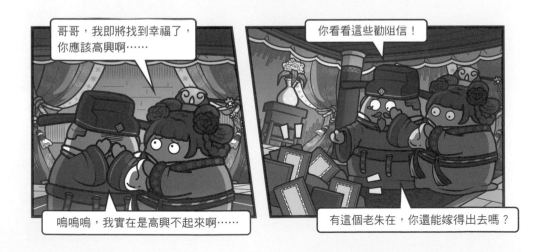

🐚 但是，朱熹聽說有一位平民家的女子嫌丈夫太窮，要離婚，他卻表示理解：

丈夫沒有才能無法養家，妻子還能怎麼辦？這時候就別講什麼大義了。

🐚 即便這些只是對名門權貴的要求，理學在當時也算不上什麼束縛。

南宋的婦女要離婚、改嫁，都是隨本人的意，社會上完全不會歧視，連皇族有時也會娶再婚女子。

🍪 更何況「夫為妻綱」只是天理的一部分而已……

至於理學被歪曲，慘遭去其精華、取其糟粕，被統治者拿來禁錮老百姓的思想和壓迫女性，最終變得臭名昭著……

這都是南宋滅亡之後的事了，朱熹本人應該不太想背這個鍋。

📖 朱熹晚年還因為捲入朝廷內鬥成為被迫害的對象，他的學說全部被禁，最終在家中孤獨地死去。

📖 朱熹的舊友、門生害怕受牽連，都不敢參加喪禮。

📖 只有過一面之緣的辛棄疾倒是來了，還寫了祭文，反正他也是官場中的落魄戶，完全不怕開水燙。

🗨 臨終前的朱熹，大概覺得自己失敗了，沒有人願意相信天理，也沒有人願意遵循天理。

請節哀，就讓本官為朱兄題字哀悼一番吧！

🗨 但現實沒有他想得那麼慘，八十多年後，在這個國家滅亡的那一刻……

很多人會用生命證明，他們相信朱熹所追求的天理！

6
南宋篇（下）

亡國也要亡得有尊嚴

西元一一八九年，宋孝宗接到消息，南宋的死敵金國正在辦喪禮，因為他們的皇帝去世了。

理論上說，宋孝宗應該幸災樂禍才是，高興得跳起來都不過分。

陛下！喜報啊！喜報啊！

金國的皇帝駕崩啦！

但宋孝宗很悲痛，因為金國的新皇帝是一個二十一歲的年輕人，此時的宋孝宗已經六十二歲了。

按照之前的「隆興和議」的內容來說，金宋為叔侄之國，孝宗還向金國的年輕皇帝叫叔父……

嗚 嗚 嗚 嗚 嗚

你懂什麼？要朕對新上位的小毛頭喊叔父！朕的顏面何在？何在啊？

哇！！

陛下為何如此悲傷？這難道不是一件喜事嗎？

宋孝宗真的受不了這種委屈，覺得受不了就溜吧，反正「逃避雖可恥但有用」！

他很快就宣布禪讓，把皇位交給了太子趙惇，即南宋第三代皇帝宋光宗。

皇兒，我一看你就是背鍋……是當皇帝的料！

宋光宗這人沒什麼好說的，治國能力一般，但性格也不壞，屬於很平庸的那種皇帝。

比較搶戲的倒是他老婆——慈懿皇后李鳳娘，此人堪稱「南宋第一悍婦」。

這潑婦是誰啊？

看陛下都懼怕三分，怕是只有那位皇后娘娘了！

🪙 李鳳娘出身軍人之家，曾經有一位道士給幼時的她看過面相，說她將來會母儀天下。

這個面相……是皇后之相呀！

🪙 正巧宋孝宗和那位道士很熟，聽說這件事後，就決定讓太子趙惇娶李鳳娘為妻。

皇兒，天賜良緣啊！你的終身大事就這麼定了！

🪙 但宋孝宗很快就後悔了，因為李鳳娘目無尊長且控制欲極強。

當了太子妃後，李鳳娘天天指著太子的鼻子罵，還把太子身邊的官員當下人使喚。

她甚至當著眾人的面頂撞宋孝宗，即使宋孝宗威脅要廢掉她，她也一點都不收斂。

太子趙惇繼位成為宋光宗後，李鳳娘也「升職」為皇后，她更肆無忌憚地搞事了。

有一次，宋光宗在漱洗，見端盆子的宮女有一雙修長白皙的手，就隨口誇了幾句：

妳這小手真是白皙如玉呀！平時是不是有什麼特殊的保養祕訣呀？

陛下，不要這樣，快放手……

不久之後，李鳳娘叫人送了一個飯盒給宋光宗。

宋光宗打開一看，裡面居然是宮女被砍下來的手，他嚇得病了好幾天。

陛下，這是皇后娘娘差奴婢給您送的甜點！

哦？讓我看看是什麼好東西！

哇！這是什麼鬼啊！快拿走！

💬 宋光宗的後宮妃子也成為李鳳娘的迫害對象，不是被她整死，就是被她整殘。

💬 李鳳娘還瘋狂挑撥宋光宗和太上皇宋孝宗的關係。

宋光宗生病了，宋孝宗好心送藥過來，李鳳娘對宋光宗說那是毒藥，導致父子反目。

後來宋孝宗死了，李鳳娘連喪禮都不讓宋光宗去。

📖 這位皇后如此驕橫殘暴，無非就是仗著老公是皇帝，而且他又軟弱，聽她的話，所以覺得沒人能拿她怎麼樣。

📖 然而，李鳳娘的政治水準與那些在朝廷裡摸爬滾打多年的大臣比，就是扮家家酒的級別。

大臣們不僅準備趕走她，還準備把她的後臺一起拆掉。

🏺 西元一一九四年農曆七月初五，宮中的宋光宗突然聽到門外傳來震天的腳步聲，宦官向他報告，說王宮已經被軍隊封鎖了。

🏺 幾名大臣從士兵堆裡擠出來，他們滿臉笑容地告訴宋光宗：

🏺 這其實就是一場以趙汝愚和韓侂冑為首的政變。

　　大臣們聯合起來，用武力逼迫軟弱無能的宋光宗下臺，順便讓李皇后失勢，將他們的兒子登上皇位。

📖 大臣們為了留點面子給宋光宗，對外撒謊說是他主動禪讓，史稱「紹熙內禪」。

先皇最近倍感龍體不適，已經傳位給了太子，我們還不參見新皇？

吾皇萬歲萬歲萬萬歲！

📖 於是，南宋第四位皇帝宋寧宗閃亮登場。

他的到來意味著南宋的前四位皇帝，高宗、孝宗、光宗、寧宗，都是主動或被迫禪讓來交接皇位，堪稱中國歷史上的奇景……

可能是皇座下面點了火，燙屁股吧？

接穩了！

滾！

嗚嗚嗚……那是我的……

🪨 宋寧宗的到來標誌著南宋進入「權臣時代」。

自宋朝開國以來，趙家一直奉行重文抑武的理念，希望用文官去壓制有造反能力的武將。

例如，秦檜一頓操作解決掉岳飛！

🪨 但這種理念使文官的勢力愈來愈強，他們化身權臣，從皇帝的打手變成皇帝的對頭。

當權臣對皇帝不滿意時，甚至可以勾結武將發動政變，直接逼迫皇帝退位，「紹熙內禪」就是典型案例。

但是，權臣之間也會為了爭個高低而鬥來鬥去。

像是趙汝愚，後來就被韓侂胄想法子整死了；老韓也沒囂張多久，很快他又被另一批權臣暗殺……

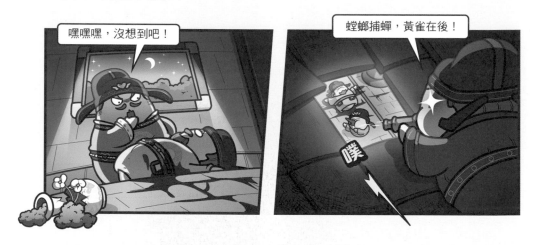

南國水鄉這邊不斷上演著內鬥大戲，而在北方的草原荒漠上，成吉思汗率領著蒙古鐵騎，正在不斷攻城掠地。

🪨 南宋的老相識 —— 西夏和金國都瞬間被擊潰，丟掉了大片地盤。

🪨 南宋也聽說北方出現一支空前強大的勢力。

大臣們開始考慮是該和自己的老對手和解，一起對抗蒙古人，還是和蒙古人搞好關係，整死自己的老對手。

🪨 但蒙古人進攻的速度比南宋大臣思考的速度快多了。

西元一二二七年，蒙古人已經徹底除掉西夏；西元一二三二年，蒙古又殲滅金國的主力軍隊。

金國氣數已盡，南宋就沒得選了，只能和蒙古聯手派軍隊夾擊金國。
誰都懂「脣亡齒寒」的道理，問題是想救也救不了呀……

🗨 金國滅亡後，南宋人就是用腳趾頭都能想到下一個被打的就是自己，很多將領都開始提前準備抗蒙。

🗨 西元一二三五年，蒙、宋戰爭全面爆發，蒙古鐵騎很快就行進到長江北岸。長江這道天險，已經守護南宋上百年。

🗨 金國之前幾次攻宋都沒能越過長江，宋軍這一次又利用自己的水戰優勢，在長江上拼死作戰，擊退了蒙古人。

在這裡，你們草原那套不管用！

不甘心的蒙古人，選擇繞道湖北、重慶一帶，和它長期「相處」。

沒想到吧，我繞一圈又回來了！

但在南宋軍民的頑強抵抗下，進攻再次受阻，蒙古人的首領蒙哥大汗，還在攻城戰中挨了一炮，重傷而死。

老大，那個是什麼？

🥟 仗打到這個分上，南宋軍民真的算盡力了，要知道，蒙古大軍面對別的國家，基本上是碰見誰就吊打誰……

蒙古當時已經占領大半個歐亞大陸，唯獨啃不下來南宋這塊硬骨頭！

🥟 但南宋內部並非鐵板一塊，當時得勢的權臣賈似道，就屬於沒心沒肺的那種人。

他覺得活著時一定要多享受，反正玩夠本就行，至於南宋亡不亡國，與自己沒有關係。

老爺，夜深了，早點休息吧！

敵人都打到家門口了，我哪還有心思睡覺……

老爺真是憂國憂民啊！

你想什麼呢？我的意思是，再不趕緊玩個夠就沒機會了！

賈大人，青姑娘、柳姑娘都按照吩咐到客棧等您了！

🦪 西元一二六八年，蒙古人捲土重來，包圍南宋多座城池。

　　賈似道竟然隱瞞這件事，沒有報告皇帝，還和妻妾整天在家裡享受生活，喝酒、跳舞、鬥蟋蟀，玩得不亦樂乎。

🦪 直到蒙古人攻陷長江防線，朝中大臣才知道大難臨頭，大家都希望賈似道能領兵出征，鼓舞一下士氣。

🍙 在輿論壓力下，老賈極不情願地去了。

　　他帶領宋軍的全部精銳來到丁家洲（今安徽銅陵東北），戰前他狂喊「同生共死」，然後火速找了一條小船，逃離戰場。

🍙 各路宋軍見主帥逃跑，也紛紛撤退。他們被蒙古人追擊，幾乎全被殲滅。

📖 丁家洲之戰後，南宋基本上無兵可用，都城很快就陷落了，太后抱著年僅五歲的宋恭宗，向蒙古人投降了。

📖 宋恭帝被蒙古軍隊帶著搬來搬去，先後去了大都（今北京）、上都（今內蒙古）、甘州（今甘肅）、吐蕃（今西藏），甚至還去過謙州（今俄羅斯）。
他無意中創下了世界紀錄，成為中國古代遊歷最遠的漢人皇帝。

📖 當然，他的祖宗趙匡胤，肯定不會因此表揚他。

都城淪陷後，南宋的殘兵敗將另立了一位小皇帝，他們逃往廣東沿海，和蒙古軍最後拚死一搏，即著名的崖山海戰。

可惜老天爺沒有眷顧他們，宋軍最終全軍覆沒。

南宋的國運，就在西元一二七九年這年徹底畫上句號。

南宋雖然落了一個失敗亡國的下場，但總體來說，能在橫掃歐亞的蒙古大軍面前，硬撐四十四年之久，已經算超常發揮了。

南宋真正厲害的地方不在於軍隊的戰鬥力……

📖 崖山海戰失敗後，南宋最後一位宰相陸秀夫，不忍看到八歲的小皇帝被俘，被人當戰利品一樣展覽，於是他背著皇帝跳海自盡了。

📖 後宮娘娘和文武大臣也紛紛自殺殉國。

🏵 南宋大臣文天祥當初聽說蒙古軍入侵後，就散盡所有家財，組織義軍上戰場，卻不幸兵敗，被蒙古兵俘虜。

🏵 敵人讓他寫信勸降剩下的宋軍，他提筆寫下〈過零丁洋〉的名句 ── 人生自古誰無死？留取丹心照汗青。

南宋滅亡後，被關在牢裡的文天祥還是不肯投降，誰來勸就把誰罵回去。最後蒙古人只能問他想怎麼樣，文天祥回答：

文天祥被押到刑場，他面朝南宋都城的方向跪拜，然後從容赴死。

有句老話說得好：皇圖霸業，只是過眼雲煙。

但這些充滿勇氣和忠義的故事……

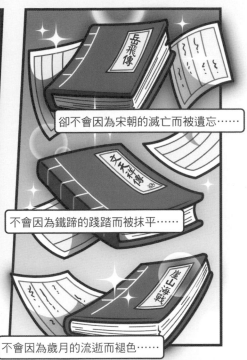

卻不會因為宋朝的滅亡而被遺忘……

不會因為鐵蹄的踐踏而被抹平……

不會因為歲月的流逝而褪色……

這些故事跨越無數個時代，流淌在每一個人的心裡！

7

遼朝篇

被遺忘的北方強國

「中國」這個詞在英文叫什麼？很多人會秒答「China」！
但很少有人知道，中國還有一個英文名叫⋯⋯

無獨有偶，俄語裡的「中國」叫 Китай，讀音也很接近「契丹」。

這個詞其實就是指在古代中國生活的契丹民族。

他們曾經建立一個強大的王朝，給外國人留下極其深刻的印象，所以到今天為止，依然有人用「契丹」來稱呼中國。

快走吧，別被發現了！一看這髮型，就知道是惹不起的人！

早在西元五世紀的南北朝時期，契丹人就已經生活在北方草原，他們有很多個部落，都以放牧、打漁和打獵為主業。

大王射得真準！大王真棒！

這都不算什麼！兄弟們，走，我們接著去找別的獵物！

🥟 和許多草原居民一樣，他們偶爾也做副業，去搶劫中原王朝，弄點計畫外的收入。

🥟 契丹曾與隋、唐交戰，隋、唐之強盛不用多說，大家都懂，所以契丹人的「作案成功率」特別低，日子過得不太好。

🥟 但唐朝滅亡後，進入軍閥混戰的五代十國時代。

中原王朝連自家門前的雪都掃不乾淨，更沒精力去管契丹這種「他人瓦上霜」。於是，契丹在短短幾十年間迅速崛起。

讓契丹崛起的關鍵人物，名叫耶律阿保機。此人是契丹的首領，智商很高，城府很深。

他覺得搶錢、搶糧沒出息，想做大生意還得靠搶人！

🥟 準確點說，就是把漢人抓過來。契丹人沒什麼文化水準，抓些漢人才子來教書就好。

🥟 契丹人以游牧和漁獵為生，不怎麼懂種地，抓很多漢人農民過來便可以發展農耕經濟。

雖然說這麼做很可恥，但耶律阿保機的個人素質還不錯，他任用有才的漢人為官，而且願意聽取他們的意見。

他怕被抓的大批漢人住不慣帳篷，還仿造中原的房屋樣式，建了不少城池，專供漢人居住。

🥠 他偶爾還會拿著鋤頭下田耕種，發揮帶頭模範作用，想和漢人們搞好關係。

天氣炎熱，小心中暑，接下來就讓我來吧！

慢著！

這心動的感覺是怎麼回事⋯⋯

🥠 為了表示自己對漢文化的敬仰，耶律阿保機還宣布，「耶律」這個姓可以寫作「劉」，而其他契丹貴族統統改姓「蕭」。

　　這是在致敬漢朝名臣蕭何輔佐皇帝劉邦的典故。

📖 大家可能還記得《天龍八部》的主角之一 —— 蕭峰……

📖 耶律阿保機確實成功攏絡人心，很快，他都不用帶兵去抓漢人，許多漢人會主動攜家帶眷地搬過來住。

契丹迅速膨脹，成為北方草原上最強大的勢力。

西元九一六年三月十七日，耶律阿保機登基稱帝，建立「大契丹國」。

實力變強，野心也會跟著變大。

耶律阿保機的兒子叫耶律德光，他在位期間，和中原王朝的叛軍搞交易，拿到「燕雲十六州」這塊戰略要地。

西元九四四年，耶律德光又傾全國之力出征，並於三年後占領整個中原。

耶律德光覺得自己已經完成偉業，是時候繼承大統了。於是，他改契丹國號為「遼」，自封遼太宗。

列祖列宗們，我們的夢想終於實現了！

然而，也只有遼太宗自認為遼朝真的繼承大統。

背中國朝代的順口溜往往都是這樣的：隋、唐、五代十國、宋，誰都沒把遼朝當成正統……

為什麼不寫上我，難道我在你們心裡就這麼沒有分量嗎？

海……海鳥和魚相愛，只是一場意外……

🥟 大家可能覺得，這是因為在古代漢人的心中，契丹是異族，所以他們建立的遼朝也不算數，可事實未必如此！

🥟 真相其實是，做為中華文明心臟地帶的中原，遼朝沒能占領太久。

🥮 遼太宗進軍中原後，思想出了大問題，他忘記契丹起家是因為拉攏漢人，反而縱容軍隊在中原燒殺搶掠。

你們這樣的行為簡直是胡鬧！

大哥，這是我特意給您帶的！

甚得朕的心意，再接再厲！

🥮 最終，這種行為搞得民怨四起，即使遼軍非常強悍，也擋不住星火燎原。

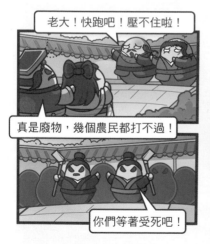

老大！快跑吧！壓不住啦！

真是廢物，幾個農民都打不過！

你們等著受死吧！

不是吧！這麼多人！你們早說啊！

🥮 他們被農民起義軍打得節節敗退，被迫退出中原，撤回燕雲十六州。

🗨 遼太宗也於撤軍途中病死，為了防止遺體在路上腐敗，遼軍把他製成乾屍。

🗨 頗具幽默感的中原百姓，為遼太宗起了個綽號，叫「帝羓」……

🗨 而在這場空歡喜之後，遼朝開始痛定思痛。

在一幫漢人大臣的策劃下，遼朝開始實行「因俗而治」，尊重契丹人和漢人各自的習俗，把二者分開治理。

在漢人區域，契丹人還是按部落劃分聚居地，以契丹傳統法律管理。在漢人區域，契丹人則照搬隋、唐的律法，實行州縣制。

 契丹人想當官，就要按部落的老法子——由長老們推薦。
漢人想當官，就得按隋、唐的制度考科舉。

參加科舉的漢人請往右邊走！

需要覲見陛下的契丹人請在長老的陪同下進入大殿……

 遼朝還特意把政府機構分為南北兩部分，北官由契丹人出任，管理契丹人事務；南官由漢人出任，管理漢人事務。

官爺！官爺！你要給我做主啊！

南官　北官

那邊，你的官爺在那邊！

「因俗而治」這種獨特的制度，讓遼國的社會矛盾有所緩解，成功避免內亂⋯⋯

契丹人保持游牧傳統，就不缺牛、羊、馬，還能貢獻厲害的騎兵。

🗨 漢人擅長種地、經商、搞科技，還喜歡讀書、寫書，所以經濟文化建設就靠漢人。

🗨 遼朝是變得強大了，但時間如流水，你在進步，人家也在進步。

　　五代十國時代結束後，新誕生的宋朝統一天下。宋朝也不是吃素的，很快組織對遼朝的北伐。

這場戰爭中，多位遼國的皇族人士戰死，遼軍的形勢一度很危急，差點被趕出燕雲十六州。

最後還是因為宋軍輕敵冒進，遼軍抓住機會反撲，才保住自己的地盤。

此後，宋、遼兩國開始互相折磨，不是你攻我守，就是你守我攻。
每場仗都是十幾萬人上陣，架勢很大，但誰都無法把誰打趴下。

宋朝始終不能收復國土，遼朝也始終不能占領中原……

眼看武力擴張之路不好走，還可能被反咬一口，遼朝只能與宋簽訂和約。

🗞 我們平時站在宋朝的角度，總覺得簽訂這些和約很屈辱，因為宋朝沒能收復燕雲十六州，還要交保護費給遼朝。

我們華夏族人心胸寬廣，就算敵人是野蠻猴子，也會以禮相待，你先簽字吧！

女士優先，您先來吧！

🗞 遼朝其實也不舒服：無法實現占領中原繼承大統的夢想，只撈到幾個錢，你說遼朝能開心得起來嗎？

真是愈想愈氣，寡人要的是這天下，要這臭錢有什麼用啊？

滾開！別碰老子的錢！

卡嚓！

既然陛下不想要，還不如把這些錢賞給小弟我……

但不管怎麼說，遼朝還算比較講信用，和約簽完後，再未對宋朝發動大規模戰爭。

陛下，城外又有宋人經過，要不要打他們？

不打有點可惜，打了又敗人品！

什麼情況？怎麼突然跑來這麼多狗？

陛下，屬下有一妙計！

還用說嗎？肯定是遼人放的啊！

《天龍八部》裡寫道，遼朝第八位皇帝遼道宗——耶律弘基曾想毀約和宋朝開戰，被蕭峰這位武林豪傑阻止了，蕭峰為此還付出生命。

我蕭峰今日……

別說了，我答應你！

🛏 這件事其實純屬虛構，遼道宗本人從未打算滅掉宋朝，他在寫給宋朝皇帝的信裡說：遼、宋雖然是兩個國家，但情同一家。

老遼你這傢伙，什麼時候也學會說這麼煽情的話了……

🛏 遼道宗臨死時，還不忘叮囑晚輩幾句：

我們遼朝和宋朝早就和好了，你們這些人年輕氣盛，可別惹是生非啊！

你們年輕人天天打架有什麼前途？誰再打架，我就讓他下來陪我，聽到了嗎？

遼道宗說的這些話，其實代表簽訂和約後，整個遼朝的戰略轉變，宋朝這塊骨頭難啃就不啃了，不如去撿其他的軟柿子捏。

誰比較軟呢？當然是草原荒漠上的小國、部落！

走，我們回去捏捏它們，看到底軟不軟！

到了西元十一世紀末，遼朝透過「欺負弱小」，已經變成一個占地非常遼闊的帝國：北抵外興安嶺，南至河北霸州、雄縣一帶，東臨今鄂霍次克海、日本海，西越阿爾泰山脈。

捏軟柿子的感覺真爽啊！

🥟 傳統意義上的「西域」，基本上被遼朝掌控，中亞、東歐等地區和宋朝的陸路聯繫完全被切斷。

所以，住那邊的外國人完全不知道宋朝的存在，只認契丹人的遼朝。

🥟 雖然，遼朝沒能入主中原，但國土也不小，遼朝人覺得還能湊合過日子，但他們沒有意識到兩件事：

其一，自己占領的燕雲十六州曾經屬於中原王朝，對宋朝人來說，那是老祖宗的基業，他們一定會嘗試收回來。

🪨 其二，柿子並不都是軟的。

　　在臣服於遼朝的眾多部族裡，完顏阿骨打率領的女真人的戰鬥力異常強悍，而且他們一直在密謀造反。

🪨 由於遼朝第九任皇帝天祚帝沉迷享樂，不管國事，朝政一天比一天混亂。

 女真人決定把陰謀變成陽謀，西元一一一四年，完顏阿骨打向遼朝宣戰，隔年宣布建國，國號「大金」。

 天祚帝組織大軍前去討伐，竟然全部戰敗。由於軍隊的調動，國內空虛，一些遼國皇族人士趁機發起叛亂。

🍪 遼朝的局勢一天比一天差，短短七年時間裡，遼朝就丟掉一半的領土……

遼朝在滅亡之路上頭也不回地狂奔！

🍪 遼道宗口中那個與遼朝親如一家的宋朝，在遼朝搖搖欲墜的時刻，不僅不來幫忙，還和金國勾結在一起。

宋兄，遠方的景色如何？

鑼鼓喧天，鞭炮齊鳴！美哉！

🍥 西元一一二二年，宋朝公然撕毀和約，派出大軍與金國一起夾擊遼朝，並約好事後瓜分遼朝領土。

🍥 在信譽和眼前的利益之間，宋朝當時的皇帝宋徽宗果斷選擇後者，遼朝慘遭落井下石，就沒什麼掙扎的餘地了。

西元一一二五年，天祚帝被金軍俘虜，遼朝至此滅亡。

契丹人在北方建立的霸業，也不復存在了。

🥟 歷史總是喜歡開玩笑，僅僅兩年之後，金國就順手把宋朝也打敗了。

　　當初決定落井下石的宋朝皇帝，同樣被俘，據說他和天祚帝還被關在一起。

喲，老哥，這麼巧啊！兄弟我想了想還是覺得離不開你啊！

離我遠點，我說過你這個人不會有好下場的！

🥟 光想那幅畫面都尷尬……

你最看不順眼的人，說不定和你是一條繩上的螞蚱……

8

大理國篇

傳說中的武林世家

去雲南旅遊的人肯定會在洱海打卡，這裡湖面如鏡，倒映著蔚藍的天空，鳥群在天水之間起舞，放眼望去，一片安寧祥和，風景絕美。

只出了一分錢，卻看到雙分的美景！

但在西元七五一年，洱海卻是一片地獄般的景象。

湖水被鮮血染紅，岸邊全是殘肢斷臂和破損的刀劍，地上的屍體大多來自唐軍。

中國古代最強大的王朝之一──唐朝，與統治西南地區的南詔國之間爆發大規模戰爭，雙方在洱海附近血戰，最終唐軍慘敗。

就算我們唐軍戰死，就算我們的血把洱海染成紅色，也不會向你們南詔國低頭！

啊……

大家可能對南詔國這個名字感到很陌生……

其實，南詔是一個少數民族政權！

🥟 古時候的西南地區，開發程度沒有中原那麼高，很多原始部落都生活在山溝溝裡，和外界沒什麼接觸。

我們南詔人隱居山林，不染世俗，我們的南詔國是真正的世外桃源！

看！那群鄉巴佬又犯病了！

🥟 中原人民將受漢化影響較小的部落統稱為烏蠻，洱海附近曾經居住著六大烏蠻部落，即六詔，其中蒙舍詔地處其他五詔之南，又稱南詔。

南詔頻頻向強大的唐朝示好，並在唐朝的幫助下，統一六詔，建立南詔國，臣服於唐朝，但南詔與唐朝的蜜月期沒有持續太久。

唐朝的官員為了製造立軍功的機會，屢屢挑釁南詔國，最後直接發動戰爭。但他們低估所謂的「蠻族」的戰鬥力，也低估了西南地區自然環境的凶險。

📖 先是六萬唐軍在南詔遇伏戰死，後有七萬唐軍在南詔被瘟疫拖垮，最終全軍覆沒。

這場鮮為人知的戰爭，為歷史埋下兩個伏筆！

📖 一是有位姓段的南詔國將領立下大功，整個家族飛黃騰達。

📖 二是唐朝慘敗的案例為之後的中原王朝提供了經驗教訓，時刻提醒要慎重對待西南地區。

📖 先說段家那位將領，戰勝唐軍後，他就成為職業軍人，子子孫孫都去做了將領！

後來，南詔因為內亂亡國，新的政權接替南詔，段家人依然在軍隊裡工作。國名前前後後換了三次，段家人都屹立不搖。

由此看來，段家人真的很「佛系」……

📖 多年後，到了段思平這裡，飯碗突然不保了。

　　原因是「老闆」某天不知道吃了什麼藥，覺得段思平有帝王之相……

> 段思平！你為什麼和朕長得這麼像？

> 啊？哪……哪像了……

> 氣死朕了，原來朕不是天底下最帥的！

📖 這些話翻譯成大白話就是「你要造反」，而結果通常是全家死刑且立即執行！

> 念在你家世代忠義，我給你一個選擇全家死法的機會！

📖 段思平也不怕，畢竟段家祖祖輩輩在軍隊混，人脈很廣，一呼百應。所以，段思平乾脆順著「老闆」的意思，真的帶兵造反。

我們段家世代忠義，既然陛下都開口說我要當皇帝，那段某只能從命了！

朕就知道你肯定會叛變！

📖 經過艱苦奮鬥和血腥搏殺，西元九三七年，段思平終於宰掉自己的「老闆」，掌控原南詔國的所有地盤，建立大理。

哈哈哈哈哈！
我果然有帝王之相！

🏛 大理的意思是「大治」，寄寓國家能夠「繁榮穩定、和平昌盛」的希望，國都定在羊苴咩城，就是今天的雲南省大理市。

但「大理」這個帶有美好寓意的名字，卻沒給這個國家帶來好運。

🏛 過去的上千年時間裡，中原文明經歷無數次叛亂和奪權，所以每個新王朝誕生時，都會吸取前朝的教訓，讓權力盡可能地集中在皇帝手裡，很多開國之君都會濫殺功臣，上演「狡兔死，走狗烹」的戲碼。

但段思平沒有玩套路，他坐上寶座後，很大方地封賞幫他造反的部下——給錢、給權、給地。

於是，這些功臣家族的勢力迅速崛起，足以威脅到皇帝。

眾愛卿造反有功，朕賞你們黃金十萬兩！

謝陛下！

臣定不負聖望，再接再厲，繼續造反！

段思平在大理國有威望，這些人不敢打他的主意，但段思平死後，繼位的二代目是一個小年輕，就比較好欺負了。

父皇！你不能死啊！你死了我怎麼辦？

太子莫慌，我們會好好疼愛你的！

段思平的弟弟聯合圖謀不軌的功臣們，帶兵逼迫皇帝退位，自己當起三代目。

按照中原王朝的慣例，廢帝的下場通常都不好，做囚犯、當奴隸、去死，只能三選一。

📖 但大理國這位廢帝沒有這麼慘，他摘掉皇冠，剃了個頭，就去廟裡當和尚了。逼宮的那些大臣沒有把他關起來，就由著他遁入空門。

📖 會出現這種奇景，是因為大理國深受佛教影響！

西北方向的鄰居吐蕃是藏傳佛教的流傳地帶；西面和南面的國家都信仰南傳佛教；而東邊的中原王朝，又推崇漢傳佛教。

🥟 佛教的三大流派在旁邊湊齊了，你說大理人能不信佛嗎？

你今天必須在我們之間選擇一個信，不然別想走！

我信！我信了！

🥟 早在南詔國存在的時期，這裡就已經建起許多寺廟。

到了大理國時期，情況已經變成上至段氏皇族和文武大臣，下至連字都不識的烏蠻人，人人皆信佛。

哎呀，這烏蠻人拜起佛來還有模有樣的！

🜋 由於人人都在家裡用香火供佛，所以大理國也叫「妙香之國」。

🜋 信佛的大理國人總覺得舉頭三尺有神明，做事要問心無愧。

🜋 開國皇帝段思平沒有剷除功臣，很大一部分原因就是他覺得這麼做太缺德了，功臣們謀逆之後沒趕盡殺絕，允許廢帝去當和尚，也是怕自己遭報應。

🗒 這種相對比較「溫和」的奪權大戲，此後又上演過⋯⋯

被廢的段氏皇帝遁入空門，
在佛前聽著木魚聲度過餘生。

🗒 有一位段氏皇帝沒人趕他走，但他覺得當皇帝沒意思，不如一心向佛，便主動退位出家。

朕最近有些心煩意亂，有沒有清淨安寧的地方，
最好伙食也清淡一點的那種？朕想去休息幾天。

陛下，您想去廟裡就直說吧！

大理國誕生後的三百多年裡，二十二位段氏皇帝，有十一位跑去廟裡。

中原王朝皇帝的塑像造型都是手指天空、腰挎寶劍，一副霸氣外露的樣子；大理國皇帝的塑像全是僧人模樣，一臉和善、雙手合十……

講了大理國的內政，也該說說和中原王朝的關係了。

西元十世紀，趙家人在中原建立宋朝並開始一一掃除周圍的敵人，不久之後，宋軍就打到大理國邊境。

陛下，中原人打過來了！

不要慌，我們這邊的菩薩很厲害！

📖 宋朝大臣分成兩派：一派認為應該趁著士氣正旺，順手把大理國給吞了。

📖 另一派覺得大理國的自然環境險惡，不怎麼好打，而且民風、習俗和中原差別很大，打下來也不一定管得住。

📖 還記得之前說的歷史伏筆嗎？這時候就發揮作用了！

🗨 宋朝皇帝在猶豫間，猛然想起唐軍進攻南詔的結局，當場拍板決定不打，並宣布大理國的地盤不歸宋朝所有。

還記得當年的唐軍嗎？他們慘敗而歸，屁股疼了一個月都下不了床……

那……那還是別打了……

🗨 這麼一來，宋朝和大理國就避免成為敵人的狀況，也沒有爆發戰爭。

不過這他們也沒成為朋友。

🪨 大理國一直想「抱大腿」——和宋朝做點買賣，再學學宋朝的技術。

　　但宋朝人覺得大理國人都是蠻族，話不投機半句多，也不想把技術傳到大理，所以宋朝人對大理國人特別冷淡。

　　小姊姊要不要和我做個買賣啊？

　　變態！

　　讓我替你拎包也行，我就想學點技術！

　　滾啊！不要碰我肩膀！

🪨 直到後來，第十六代皇帝段正嚴登基，兩國關係才轉暖。段正嚴是粉絲最多的大理皇帝，因為他還有一個名字——段和譽。

　　沒錯，他就是《天龍八部》主角之一段譽的原型！

段譽！是段譽！

📖 在武俠小說裡，段家被描述成一個武學世家：

老祖宗段思平開創六脈神劍等必殺技，這些絕招在段氏皇族中代代相傳。做為繼承人的少年段譽卻對武功沒什麼興趣，甚至離家出走，跑到宋朝的地盤上，開始一場大冒險。

📖 但歷史上的段和譽正好相反，他自幼就喜歡習武，還主動拜一個宋朝來的高僧為師！

除了跟著高僧學兵法和奇門異術，也常聽老師講解佛經和中原書籍，所以段和譽年紀輕輕就已經成為文武雙全的人才。

段和譽真實的打架水準如何，我們已經無從知曉，但可以肯定的是……

段和譽願意拿熱臉去貼冷屁股，向宋朝稱臣，並且進貢很多土特產，什麼麝香、名馬、珠寶，反正專挑貴的送。

這樣一來，段和譽總算是把宋朝皇帝哄開心了。宋朝答應在邊境進行貿易，大理國的商業得到發展。

段和譽對內採取懷柔政策，還減輕徭役賦稅，想讓老百姓的日子過得舒服點。

🜲 大理國的傳統項目——「奪權」，在他這一代也上演了！

　　有大臣當眾辱罵他，段和譽沒殺他；有兩個士兵要行刺他，事情敗露後當場被抓，段和譽也沒殺他們，這就是所謂的「以德服人」！

陛……陛下，是這樣扭嗎？

對對對……腰再下去一點，屁股再翹高一點，下次的傳統節目就別再表演造反了，演貴妃醉酒！

🜲 段和譽在位三十九年，是歷代大理皇帝中統治時間最長的，也是最受百姓愛戴的。即使他不會六脈神劍，也照樣名留青史。

雖然段和譽是一位好皇帝，但畢竟大理國的地盤不大，國力上升空間有限。

面對真正的強敵，還是只有被碾壓的分！

在十三世紀的歐亞大陸上，蒙古人毫無疑問是最強王者，他們橫掃天下，無人能擋。

快跑啊！蒙古人殺來啦！

嗯？撞飛的是什麼東西？

不慌，看我一招四兩撥千斤……

🔖 西元一二五四年，段和譽的五世孫在位時，蒙古人進攻大理國，很快掃平大理軍隊，把那裡納入蒙古帝國。

🔖 非常有趣的是，段家沒有因為亡國而沒落。

蒙古人覺得段家人威望高，可以幫自己「鎮場子」，所以把他們封為世襲總管，段家人依然是大理的統治者。

直到元朝滅亡，新生的明朝發兵占領西南地區，想把西南收歸中央朝廷管理，段家在這場戰爭過後才徹底失勢。

都城羊苴咩也被摧毀，大理國的歷史也到此為止。

但人們很快在羊苴咩的廢墟邊建起一座新的城池，繼承「大理」的名字，且至今還矗立在洱海之畔。

大理國早已不復存在，但這個象徵繁榮與和平的國名會永遠祝福這座四季如春的城市！

【未完待續……】

FUN 系列 095

王朝劇場直播中 5
賽雷三分鐘漫畫中國史【大宋、遼國與大理國】

作　　者 — 賽雷
主　　編 — 邱憶伶
責任編輯 — 陳映儒
行銷企畫 — 林欣梅
封面設計 — 兒日
內頁排版 — 張靜怡

編輯總監 — 蘇清霖
董 事 長 — 趙政岷
出 版 者 — 時報文化出版企業股份有限公司
　　　　　　108019 臺北市和平西路三段 240 號 3 樓
　　　　　　發行專線 — (02) 2306-6842
　　　　　　讀者服務專線 — 0800-231-705・(02) 2304-7103
　　　　　　讀者服務傳真 — (02) 2304-6858
　　　　　　郵撥 — 19344724 時報文化出版公司
　　　　　　信箱 — 10899 臺北華江橋郵局第 99 信箱
時報悅讀網 — http://www.readingtimes.com.tw
電子郵件信箱 — newstudy@readingtimes.com.tw
時報出版愛讀者粉絲團 — https://www.facebook.com/readingtimes.2
法律顧問 — 理律法律事務所　陳長文律師、李念祖律師
印　　刷 — 華展印刷有限公司
初版一刷 — 2023 年 2 月 17 日
定　　價 — 新臺幣 380 元
（缺頁或破損的書，請寄回更換）

時報文化出版公司成立於一九七五年，
一九九九年股票上櫃公開發行，二〇〇八年脫離中時集團非屬旺中，
以「尊重智慧與創意的文化事業」為信念。

王朝劇場直播中 5：賽雷三分鐘漫畫中國史
【大宋、遼國與大理國】／賽雷著 . -- 初版 . --
臺北市：時報文化出版企業股份有限公司，
2023.2
240 面；14.8×21 公分 . --（Fun 系列；95）
ISBN 978-626-353-415-5（平裝）

1. CST：中國史　2. CST：通俗史話
3. CST：漫畫

610.9　　　　　　　　　　　111022437

ISBN 978-626-353-415-5
Printed in Taiwan